W9-CXP-228

postres
livianos

Chef
express

Publicado por:
TRIDENT REFERENCE PUBLISHING
801 12th Avenue South, Suite 400
Naples, Fl 34102 USA

Tel: + 1 (239) 649-7077
www.tridentreference.com
email: sales@tridentreference.com

Postres livianos
© TRIDENT REFERENCE PUBLISHING

Publisher
Simon St. John Bailey

Directora de edición
Susan Knightley

Preimpresión
Precision Prep & Press

Todos los derechos reservados. Esta
publicación no puede ser reproducida ni en
todo ni en parte, ni ser transmitida en
ninguna forma ni por ningún medio, sin
permiso escrito del editor, excepto en el caso
de citas breves en artículos o reseñas.

Incluye índice
ISBN 1582796947
UPC 6 15269 96947 2
EAN 9781582796949

Impreso en The United States

introducción

Son muchos los que piensan que una comida sin postre no está completa. Nosotros compartimos esa opinión, pero somos conscientes de que esos deleites que tanto nos gratifican pueden suministrar calorías indeseadas y generar reproches por parte de la silueta si no se seleccionan acertadamente. También sabemos que, mientras el paladar reclama su cuota de dulzura al final del menú, el estómago pide que no lo

recarguemos de trabajo, pues ya bastante tiene con los platillos salados.

¿Cómo conciliar tantos anhelos opuestos? Con la exquisita selección de postres que presentamos en este libro. Hallazgos imperdibles que bien podríamos calificar de doblemente livianos, pues lo son por su consistencia ligera y por su valor calórico relativamente reducido.

- Las frutas frescas son la base insustituible. Proveen no sólo color y sabor, sino también vitaminas necesarias para una buena nutrición. En las últimas décadas, la disponibilidad de frutas tropicales y exóticas revolucionó el arte de la repostería. En los grandes supermercados la piña, la papaya y el mango han dejado de ser rarezas, y en las tiendas gourmet se consiguen chirimoyas y carambolas.

- No es imprescindible suprimir del todo las yemas, la crema o la mantequilla, pero sí hay que usarlas con moderación.

- Gracias a los avances de la industria, los lácteos ya no están terminantemente prohibidos. La crema liviana y el yogur bajo en grasas son buenos aliados que otorgan tersura y untuosidad. La crema agria sin grasa es ideal para los helados, y el queso crema sin sal o el cottage bajos en grasas pueden reemplazar al requesón.

- Las claras de huevo, ricas en proteínas, permiten lograr texturas aireadas. La gelatina, que prácticamente no tiene calorías, concede firmeza a los moldeados. Ambas contribuyen a reducir el contenido graso de las preparaciones.

- Las especias ratifican que una pizca hace la diferencia. Vainilla, canela, anís, azafrán, nuez moscada, clavos de olor y jengibre rivalizan con la menta y las cáscaras de cítricos para ampliar la variedad de gustos.

- Las frutas secas suman su nota crocante y el vino, el champaña, los licores y el coñac demuestran que el agua no es el único líquido que se puede utilizar. Hasta los ingredientes menos convencionales, como la calabaza y el té, son protagonistas de las recetas de este libro.

Dificultad

 ■☐☐ I Poca

 ■■☐ I Media

 ■■■ I Bastante

frutas
de verano borrachas

◼☐☐ | Tiempo de cocción: 0 minuto - Tiempo de preparación: 10 minutos

ingredientes

> 375 g/12^{1}/$_{2}$ oz de frutas
  rojas surtidas
  (frambuesas, arándanos
  y fresas)
> 2 duraznos blancos,
  en cuartos
> 2 nectarinas, en cuartos
> ^{3}/$_{4}$ taza/185 ml/6 fl oz
  de vino de postre
> 2 cucharadas de jugo
  de lima

preparación

1.Disponer en un bol las frutas rojas,
  los duraznos y las nectarinas.
2.Verter el vino y el jugo de lima sobre
  la fruta y mezclar suavemente.
  Tapar y refrigerar 20-30 minutos.
3.Servir en cuencos hondos, con parte de la
  marinada.

....
4-6 porciones

nota del chef

*Cuando consiga albaricoques frescos,
incorpórelos como sabroso agregado
a este postre estival.*

fruta coronada
con crema

■ ☐ ☐ | Tiempo de cocción: 5 minutos - Tiempo de preparación: 10 minutos

preparación

1. Colocar el azúcar en una cacerola. Verter sólo la cantidad de agua necesaria para cubrir el azúcar. Hervir hasta que se forme un caramelo dorado; no revolver.
2. Mientras tanto, disponer todas las frutas en un cuenco. Coronar con la crema y verter encima el caramelo justo antes de servir.

....
4 porciones

ingredientes

> **1 taza de azúcar**
> **3 cucharadas de agua**
> **1 taza de papaya pelada y sin semillas, en cubos de 2 cm/3/4 in**
> **4 kiwis pelados, en cubos de 2 cm/3/4 in**
> **1/2 taza de fresas, limpias**
> **4 cucharadas de crema batida**

nota del chef

El coulis de frambuesa es una alternativa colorida para el caramelo. Para hacer el coulis, mezcle o procese frambuesas frescas con un poco de azúcar glass y un golpe de jugo de limón; luego páselo por un cedazo para descartar las semillas.

ensalada de
melón y lychees

■□□ | Tiempo de cocción: 0 minuto - Tiempo de preparación: 10 minutos

ingredientes
> **1 melón cantaloupe**
> **2 tazas de lychees en lata, escurridos**
> **2 cucharadas de menta fresca recién picada**
> **3/4 taza de vino blanco dulce**

preparación
1. Pelar el melón cantaloupe, descartar las semillas y cortar la pulpa en cubos.
2. En una ensaladera grande combinar el melón, los lychees y la menta.
3. Verter el vino sobre las frutas, remover y reservar en el refrigerador hasta el momento de servir.

....
8 porciones

nota del chef
Los lychees son frutas exóticas subtropicales originarias del sur de China, donde tienen gran importancia en la cultura y son considerados "reyes de las frutas".

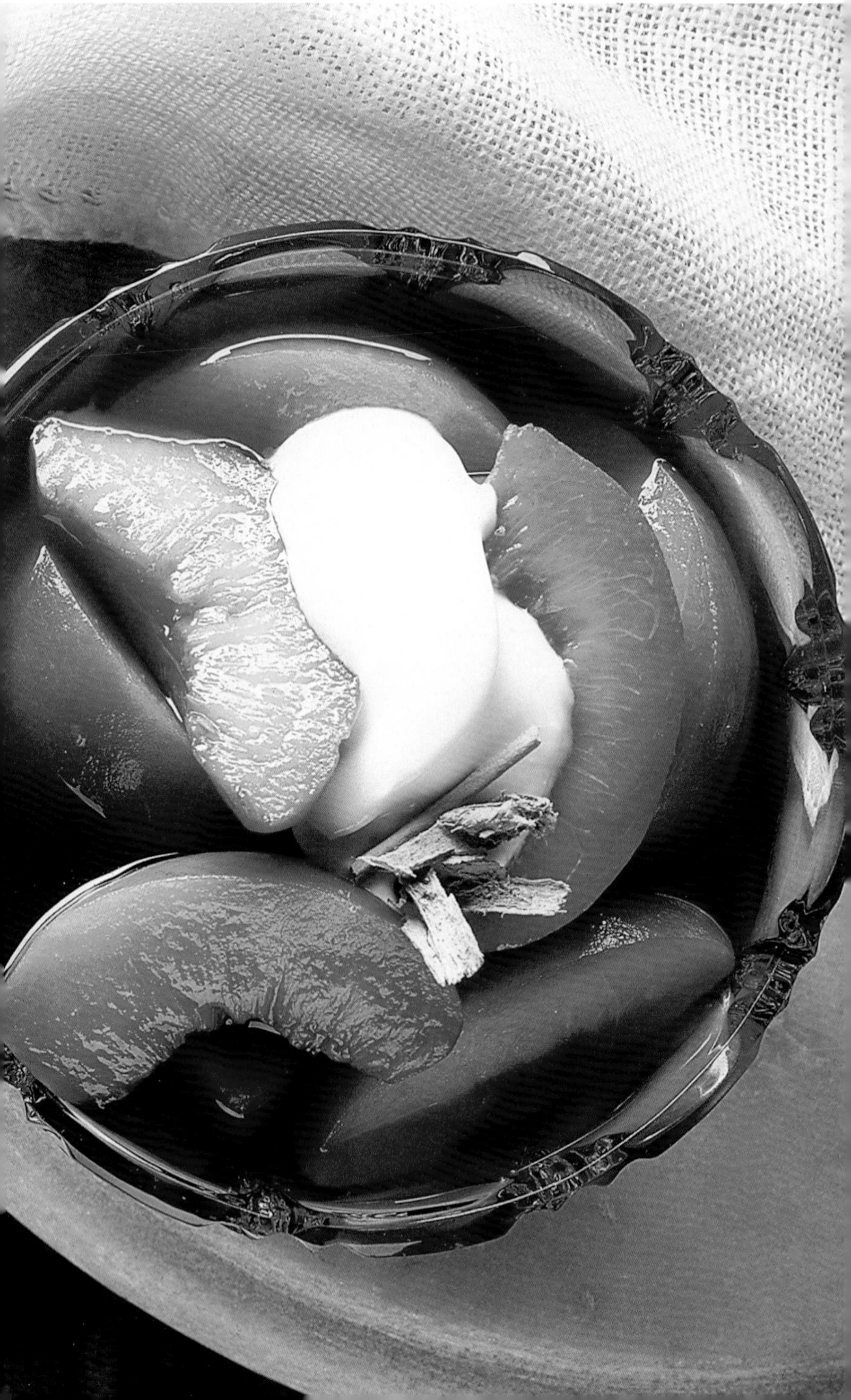

compota
al vino

■□□ | Tiempo de cocción: 15 minutos - Tiempo de preparación: 10 minutos

preparación

1. Cortar los duraznos en rodajas gruesas.
2. Poner en una olla el vino, la miel y la canela. Llevar a hervor, bajar la llama y cocinar a fuego lento 5 minutos.
3. Incorporar los duraznos a la olla y cocinar 5-10 minutos o hasta que estén ligeramente blandos. Dejar enfriar, luego refrigerar.

ingredientes

> **6 duraznos maduros y firmes, partidos por el medio y sin hueso**
> **1 taza/250 ml/8 fl oz de vino tinto**
> **2-3 cucharadas de miel**
> **1 rama de canela**

....
4 porciones

nota del chef
Para servir, acompañar con yogur natural.

peras
al azafrán

■□□ | Tiempo de cocción: 25 minutos - Tiempo de preparación: 10 minutos

ingredientes

> $^3/_4$ **taza/185 g/6 oz de azúcar**
> **2 ramas de canela**
> **2 estrellas de anís**
> $^1/_2$ **cucharada de hebras de azafrán**
> **8 tazas/2 litros/3$^1/_2$ pt de agua**
> **8 peras, peladas**

preparación

1. Mezclar el azúcar, la canela, el anís, el azafrán y el agua en una olla grande. Agregar las peras, colocar sobre la llama y llevar a hervor suave. Cocinar a fuego lento 25 minutos o hasta que las peras estén blandas. Retirar del calor y dejar reposar 30 minutos.

2. Para servir, colocar las peras en cuencos de postre poco profundos y cubrir con el líquido de cocción.

8 porciones

nota del chef

Sirva este rico postre con bizcochos dulces delgados o pan de almendras. Puede prepararlo con hasta 3 horas de anticipación; sin embargo, el sabor será mejor si no lo refrigera antes de servir.

duraznos
a la italiana

■□□ I Tiempo de cocción: 25 minutos - Tiempo de preparación: 15 minutos

preparación

1. Cortar los duraznos por la mitad, pelarlos y quitarles el hueso (a).
2. En un bol pequeño, mezclar bien las almendras, los bizcochos, el azúcar y la mantequilla (b).
3. Rellenar cada una de las mitades de durazno con la mezcla de bizcochos y almendras; acomodarlas en una bandeja para horno bien engrasada (c).
4. Hornear los duraznos a temperatura moderada 25 minutos. Servirlos calientes.

ingredientes

> **6 duraznos priscos grandes**
> **$^1/_4$ taza de almendras blanqueadas**
> **$^1/_2$ taza de bizcochos de almendra molidos**
> **3 cucharadas de azúcar**
> **4 cucharadas de mantequilla derretida**

....

6 porciones

nota del chef

También son estupendos para la barbacoa. Envuelva en papel de aluminio cada mitad de durazno relleno y ase durante 25 minutos.

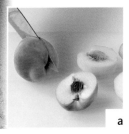
a

b

c

albaricoques con puré de pera

■□□ | Tiempo de cocción: 10 minutos - Tiempo de preparación: 15 minutos

ingredientes

> **12 albaricoques firmes, pelados**
> **1/2 taza/120 g/4 oz de azúcar**
> **1 cucharadita de canela molida**
> **1 cucharadita de nuez moscada molida**
> **1/2 cucharadita de clavo de olor molido**
> **1 1/2 taza de mitades de pera en lata, escurridas y picadas**
> **2 cucharadas de jugo de limón recién exprimido**
> **2 cucharadas de jugo de naranja recién exprimido**
> **1 cucharada de menta fresca finamente picada**
> **ramas de canela, para decorar**

preparación

1. Poner los albaricoques en una olla con agua suficiente para cubrirlos. Agregar el azúcar, la canela, la nuez moscada y el clavo de olor (a). Cocinar a fuego lento hasta que los albaricoques estén tiernos, unos 10 minutos. Dejar enfriar en el almíbar.

2. Licuar o procesar las peras con el jugo de limón y el de naranja hasta obtener un puré homogéneo (b). Añadir la menta (c) y revolver.

3. Colocar un poco de puré de pera en el fondo de cada plato, disponer los albaricoques cocidos sobre el puré y decorar con ramas de canela.

....

4 porciones

nota del chef

Las especias son el toque mágico para este sencillo postre. Tal vez prefiera usar jengibre en lugar de clavo de olor.

a

b

c

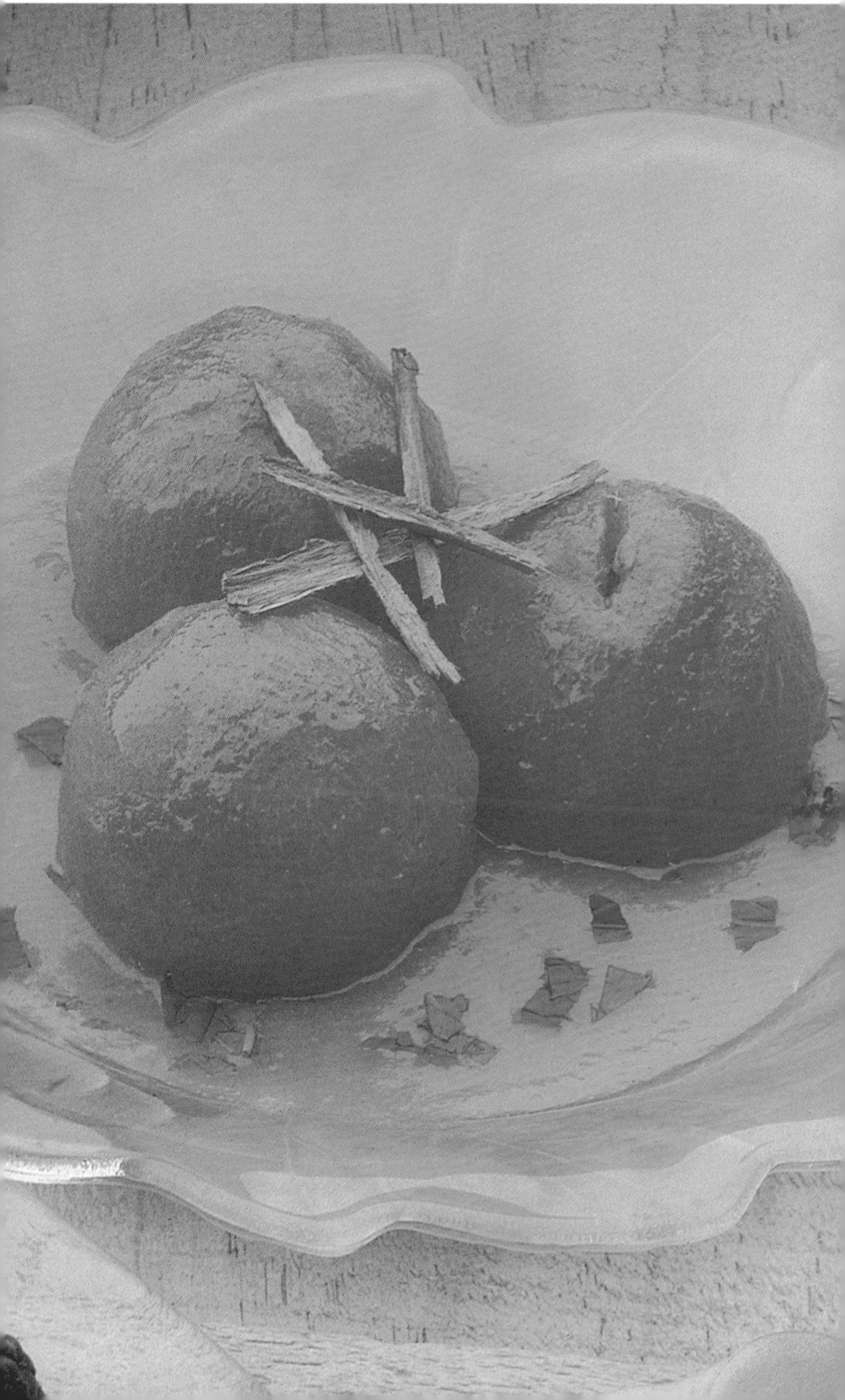

duraznos
con natilla

■■□ | Tiempo de cocción: 35 minutos - Tiempo de preparación: 20 minutos

preparación

1. Ubicar las mitades de durazno con el lado cortado hacia abajo en una fuente refractaria. Verter el amaretto en forma pareja, espolvorear con el azúcar y hornear a temperatura moderada 30 minutos.
2. En una olla mediana calentar las frutas rojas, el azúcar morena y 2 cucharadas de agua hasta alcanzar el hervor suave. Retirar del fuego, pasar por un tamiz y descartar semillas y hollejos. Refrigerar el puré obtenido.
3. Unir la natilla con la crema y el coñac. Con la mezcla hacer un espejo en cada plato. Tomar cucharaditas de puré y verterlas sobre el espejo, cerca del borde, formando círculos cada 2 cm/3/4 in. Pasar un palillo por la parte media de cada círculo y deslizarlo también por la natilla, para que se formen corazones.
4. Disponer en el centro de cada plato dos mitades de durazno horneadas, verter sobre ellas un poco del almíbar de amaretto que se habrá formado durante la cocción y decorar con menta.

ingredientes

> **4 duraznos en mitades, sin hueso y pelados**
> **3/4 taza/185 ml/6 fl oz de licor amaretto**
> **1/2 taza/120 g/6 oz de azúcar**
> **1 taza de frutas rojas (moras, frambuesas, arándanos)**
> **3 cucharadas de azúcar morena**
> **1 taza/250 ml/8 fl oz de natilla prelista**
> **1/2 taza/125 ml/4 fl oz de crema liviana**
> **2 cucharadas de coñac**
> **menta para adornar**

4 porciones

nota del chef

Para variar, usar Cointreau u otro licor de naranja en lugar de amaretto.

budines
estivales

■■□ I Tiempo de cocción: 5 minutos - Tiempo de preparación: 25 minutos

ingredientes

> ¹/₂ taza/120 g/4 oz
  de azúcar
> 2 tazas/500ml/16 fl oz
  de agua
> 875 g/1³/₄ lb de frutas
  rojas surtidas
  (frambuesas, fresas,
  arándanos, moras)
> 14 rebanadas de pan,
  sin corteza

salsa de frutas rojas

> 155 g/5 oz de frutas rojas
  surtidas
> 2 cucharadas de azúcar
  glass
> 1 cucharada de jugo
  de limón fresco
> 2 cucharadas de agua

nota del chef

Para hacer este postre
se pueden usar frutas
frescas o congeladas.

preparación

1. Poner el azúcar y el agua en una olla y
   calentar, revolviendo, hasta disolver. Llevar
   a hervor, bajar la llama, agregar las frutas
   y cocinar a fuego lento 4-5 minutos o hasta
   que estén tiernas, pero no deshechas.
   Escurrir, reservando el líquido (a), y enfriar.
2. Recortar 8 rebanadas de pan con un
   cortante redondo (b). Con 4 discos tapizar
   la base de 4 cazuelitas de ¹/₂ taza/
   125 ml/4 fl oz de capacidad. Cortar las
   otras rebanadas de pan en bastones y forrar
   los costados de las cazuelitas. Llenar con
   las frutas (c) y mojar el pan con parte del
   líquido reservado; cubrir con los discos
   restantes. Guardar el líquido que quede.
   Tapar las cazuelitas con papel de aluminio,
   apoyar encima un peso y refrigerar hasta el
   día siguiente.
3. Para la salsa, procesar las frutas, el azúcar, el
   limón y el agua hasta homogeneizar. Pasar por
   un cedazo para quitar las semillas y refrigerar.
4. Desmoldar los budines sobre los platos,
   salsear y adornar con frutas rojas frescas.

....

4 porciones

a

b

c

a

b

canastillas
crujientes

■■■ | Tiempo de cocción: 25 minutos - Tiempo de preparación: 30 minutos

preparación

1. Para las canastillas, cortar cada hoja de masa en tiras transversales de 8 cm/3$^{1}/_{2}$ in de ancho (a). Engrasar por fuera 4 cazuelitas refractarias y apoyarlas boca abajo sobre una bandeja para horno engrasada. Pincelar las tiras de masa con la mantequilla y colocarlas sobre las cazuelitas, superponiéndolas y llevando los extremos hacia abajo para que queden planos sobre la bandeja (b). Volver a pincelar con mantequilla y espolvorear generosamente con el azúcar. Hornear a 200°C/400°F/Gas 6 por 10-15 minutos o hasta que estén crujientes y doradas.

2. Para el relleno, poner en una olla el azúcar, el agua y el vino y calentar, revolviendo, hasta que el azúcar se disuelva. Agregar los albaricoques, los duraznos, las ciruelas y las nectarinas y cocinar a fuego lento 3-4 minutos o hasta que las frutas se ablanden apenas. Fuera del fuego incorporar las fresas; dejar reposar 5 minutos y escurrir.

3. Para la crema, pasar por un tamiz el puré de frambuesas y descartar las semillas. Unir en forma envolvente la crema con el azúcar glass y el puré.

4. Justo antes de servir, llenar las canastillas con las frutas y cubrir con la crema.

ingredientes

canastillas

> 6 hojas de masa filo
> 60 g/2 oz de mantequilla, derretida
> $^{1}/_{2}$ taza/120 g/4 oz de azúcar

relleno frutal

> 1 taza/250 g/8 oz de azúcar
> 1 taza/250 ml/8 fl oz de agua
> $^{1}/_{2}$ taza/125 ml/4 fl oz de vino blanco
> 4 albaricoques, sin hueso, en cuartos
> 4 duraznos, sin hueso, en octavos
> 4 ciruelas, sin hueso, en cuartos
> 4 nectarinas, sin hueso, en octavos
> 16 fresas

crema de frambuesas

> 125 g/4 oz de frambuesas, hechas puré
> $^{3}/_{4}$ taza/185 ml/8 fl oz de crema
> 4 cucharaditas de azúcar glass

....

6 porciones

nota del chef

Este postre es ideal para recibir invitados, pues cada parte se puede preparar de antemano. Deje el armado final para último momento, o el jugo de la fruta hará que las canastas se humedezcan y se ablanden.

crema
de ruibarbo

■■□ | Tiempo de cocción: 20 minutos - Tiempo de preparación: 20 minutos

ingredientes

> **750 g/1¹/₂ lb de ruibarbo,**
  despuntado, en trozos
  de 1 cm/¹/₂ in
> **1 taza/250 g/8 oz**
  de azúcar morena
> **¹/₄ cucharadita de clavo**
  de olor molido
> **¹/₂ cucharadita**
  de esencia de vainilla
> **2 cucharadas de**
  jugo de limón
> **2 cucharadas de**
  jugo de naranja
> **¹/₂ taza/100 g/3¹/₂ oz**
  de crema
> **³/₄ taza/185 ml/6 fl oz**
  de yogur natural

preparación

1. Colocar en una cacerola el ruibarbo, el azúcar, el clavo de olor, la esencia de vainilla y los jugos de limón y de naranja. Llevar a hervor, bajar la llama y cocinar a fuego lento, revolviendo de vez en cuando, 15 minutos o hasta que el ruibarbo esté tierno y el líquido espese. Pasar a un bol, tapar y refrigerar.

2. Batir la crema a medio punto. Añadir en forma envolvente el yogur y luego la preparación de ruibarbo, para lograr un efecto marmolado. Repartir en vasos altos y refrigerar.

....

8 porciones

nota del chef

Si quiere servir bizcochos de naranja caseros con este refrescante postre, bata 75 g/2¹/₂ oz de mantequilla con 60 g/2 oz de azúcar hasta que esté cremosa, agregue 1 huevo, 2 cucharadas de cáscara de naranja rallada y 90 g/3 oz de harina y mezcle bien. Coloque cucharaditas sobre una bandeja y hornee 10 minutos, hasta que los bizcochos estén dorados.

mousse
de calabaza

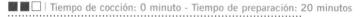

■■☐ | Tiempo de cocción: 0 minuto - Tiempo de preparación: 20 minutos

preparación

1. Espolvorear la gelatina sobre el agua fría e hidratarla 5 minutos. Agregar el agua hirviente y mezclar bien. Incorporar, mientras se revuelve, la crema, el azúcar, la nuez moscada, la vainilla y el jengibre. Añadir el jugo de limón y el puré de calabaza y unir. Refrigerar 10-15 minutos.

2. Batir las claras a punto nieve con el azúcar extra. Agitar la mezcla de calabaza con batidor 10 segundos; añadir las claras en forma envolvente. Distribuir en copas y refrigerar antes de servir.

....

4-6 porciones

ingredientes

> **3 cucharaditas de gelatina**
> **4 cucharadas de agua fría**
> **4 cucharadas de agua hirviente**
> **1/2 taza/125 ml/4 fl oz de crema liviana**
> **1/4 taza/60 g/2 oz de azúcar**
> **1/2 cucharadita de nuez moscada molida**
> **2 cucharaditas de esencia de vainilla**
> **1 cucharadita de jengibre molido**
> **2 cucharadas de jugo de limón recién exprimido**
> **1 taza de calabaza cocida y hecha puré**
> **4 claras**
> **1 cucharadita de azúcar, extra**

nota del chef

Adornar con virutas de chocolate y nevar con azúcar glass.

copas
coloridas

■□□ | Tiempo de cocción: 5 minutos - Tiempo de preparación: 20 minutos

ingredientes

> $^1/_3$ **taza/90 ml/3 fl oz de vino blanco**
> **1 cucharada de jugo de lima**
> $^1/_4$ **taza/60 g/2 oz de azúcar**
> **1$^1/_4$ taza/310 ml/10 fl oz de crema liviana**
> $^1/_3$ **taza/90 ml/3 fl oz de puré de mango**
> **1 mango, pelado y finamente rebanado**
> **250 g/8 oz de fresas, limpias y rebanadas**
> **2 kiwis, pelados y picados**

preparación

1. Disponer en una cacerola el vino, el jugo de lima y el azúcar. Calentar a fuego mediano, revolviendo constantemente, hasta que el azúcar se disuelva. Retirar, dejar enfriar y refrigerar.
2. En un bol grande batir a medio punto la crema con el puré de mango y el almíbar de vino.
3. Colocar una capa de rebanadas de mango en la base de 4 copas altas y cubrir con una cucharada de crema de mango. Seguir alternando capas de kiwis, fresas y crema; terminar con crema. Refrigerar hasta el momento de servir.

....
6 porciones

nota del chef

Las copas transparentes son ideales para servir postres de este tipo, pues los diferentes colores de las frutas y la crema lucen muy atractivos.

trifle
de higos

■■□ | Tiempo de cocción: 5 minutos - Tiempo de preparación: 20 minutos

preparación

1. Cortar el bizcochuelo en cubos y licuar o procesar para obtener migas. Humedecer con el amaretto y reservar.
2. Mezclar el azúcar, el agua, el cassis y la jalea de grosellas en una olla pequeña sobre fuego moderado. Llevar a hervor, bajar la llama y cocinar a fuego lento 3 minutos.
3. Colocar los higos en un bol, verter encima el almíbar de grosellas y dejar enfriar. Repartir los higos en el fondo de 4 copas de postre y bañar con un poco de almíbar.
4. Unir la natilla y la crema y distribuir sobre los higos. Cubrir con las migas de bizcochuelo y refrigerar hasta el momento de servir.

ingredientes

> 1 bizcochuelo comprado
> 2 cucharadas de licor amaretto
> 1 taza/250 g/8 oz de azúcar
> 1 taza/250 g/8 fl oz de agua
> 2 cucharadas de licor de cassis
> 3 cucharadas de jalea de grosellas
> 10 higos frescos, rebanados
> 1 taza de natilla prelista
> 3/4 taza/185 ml/6 fl oz de crema liviana

....
4 porciones

nota del chef

Tanto el licor amaretto como el cassis destacan el sabor de este postre refinado y fácil.

natilla
de requesón

■□□ | Tiempo de cocción: 0 minuto - Tiempo de preparación: 15 minutos

ingredientes

> **4 bizcochos vainilla**
> **$1/4$ taza/60 ml/2 fl oz de licor amaretto**
> **4 huevos**
> **$1/2$ taza/120 g/4 oz de azúcar**
> **200 g/6$1/2$ oz de requesón**
> **2 cucharadas de esencia de vainilla**
> **$1/4$ taza/40 g/1$1/4$ oz de azúcar glass**

preparación

1. Colocar un bizcocho vainilla en cada copa. Humedecer con el amaretto.
2. Batir los huevos con el azúcar hasta que resulten livianos y aireados. Licuar o procesar el requesón con la esencia de vainilla y el azúcar glass hasta lograr una textura lisa; añadirlo a los huevos y batir hasta integrar bien.
3. Dividir la natilla entre las copas y refrigerar 30 minutos antes de servir.

....

4 porciones

nota del chef

Si desea añadir un toque crocante, esparza sobre la natilla algunas almendras tostadas.

bavarois
de fruta de la pasión

■■□ | Tiempo de cocción: 10 minutos - Tiempo de preparación: 15 minutos

ingredientes

> $^1/_4$ **taza/60 g/2 oz de azúcar**
> **2 cucharadas de marsala o jerez seco**
> **2 yemas**
> **2 cucharadas de gelatina**
> **1 cucharada de agua hirviente**
> **1 clara**
> $^1/_4$ **taza/60 ml/2 fl oz de crema, batida**
> $^1/_4$ **taza/60 ml/2 fl oz de pulpa de fruta de la pasión**

preparación

1. Colocar el azúcar, el marsala o el jerez y las yemas en un bol refractario sobre baño de María. Batir 8 minutos o hasta alcanzar el punto de listón.
2. Disolver la gelatina en el agua hirviente. Añadirla a las yemas mientras se continúa batiendo. Dejar enfriar.
3. En otro bol batir la clara a punto de turrón. Incorporar en forma envolvente la clara, la crema y la pulpa de fruta de la pasión a la preparación de yemas.
4. Distribuir la mezcla en 8 moldes pequeños, aceitados, y refrigerar 3 horas o hasta que solidifique. Desmoldar y adornar con pulpa de fruta de la pasión extra.

....

8 porciones

nota del chef

Este postre puede hacerse el día anterior y guardarse, tapado, en el refrigerador.

timbales
de fresa

■□□ | Tiempo de cocción: 5 minutos - Tiempo de preparación: 15 minutos

preparación

1. Espolvorear la gelatina sobre el agua e hidratarla 5 minutos. Licuar o procesar las fresas (reservando 2 para adornar) hasta obtener un puré; pasarlo por un cedazo y ponerlo en una ollita.
2. Agregar al puré de fresas el azúcar y la gelatina (a), mientras se revuelve. Cocinar a fuego moderado 3 minutos, revolviendo constantemente. Pasar a un bol.
3. Incorporar el yogur y el jugo de lima (b) y unir bien. Verter la mezcla en 4 moldes acanalados (c) y refrigerar hasta que esté firme.
4. Batir la crema con la esencia de almendras y el azúcar glass hasta que apenas espese. Desmoldar los timbales en los platos y acompañar con la crema de almendras. Adornar con las fresas reservadas y con almendras blanqueadas.

ingredientes

> **3 cucharaditas de gelatina**
> **2 cucharadas de agua**
> **155 g/5 oz de fresas, limpias**
> **¹/₄ taza/60 g/2 oz de azúcar**
> **1 taza de yogur natural**
> **1¹/₂ cucharada de jugo de lima recién exprimido**
> **¹/₂ taza/125 ml/4 fl oz de crema**
> **1 cucharada de esencia de almendras**
> **1 cucharada de azúcar glass**

....
4 porciones

nota del chef

Humectar con agua el interior de los moldes antes de llenarlos con la preparación ayuda a desmoldar los timbales sin dificultad.

a

b

c

bavarois
de coco y lima

■□□ | Tiempo de cocción: 8 minutos - Tiempo de preparación: 5 minutos

ingredientes
> **2 tazas/500 ml/16 fl oz de crema liviana**
> **3/4 taza/125 g/4 oz de azúcar glass**
> **1 taza/250 ml/8 fl oz de leche de coco**
> **3 cucharadas de gelatina**
> **1/4 taza/60 ml/2 fl oz de agua caliente**
> **1 cucharada de jugo de lima**
> **coco tostado**

preparación
1. Colocar la crema y el azúcar glass en una olla sobre fuego mediano y llevar a hervor. Enfriar ligeramente; luego incorporar la leche de coco, revolviendo.
2. Espolvorear la gelatina sobre el agua caliente, revolver para disolver y enfriar hasta que alcance la temperatura de la mezcla de crema. Agregar, sin dejar de revolver, la gelatina y el jugo de lima a la mezcla de crema.
3. Dividir la preparación entre 6 moldes de 3/4 taza/185 ml/6 fl oz de capacidad y refrigerar 3-4 horas o hasta que tome consistencia. Justo antes de servir, desmoldar y espolvorear con coco tostado.

6 porciones

nota del chef
El coco puede tostarse rápida y fácilmente en microondas. Ponga 1/2 taza/45 g/1 1/2 oz de coco deshidratado en un plato de cerámica o vidrio y cocine en Máximo (100%) 1 minuto; revuelva. Siga cocinando y revolviendo a intervalos de 30-60 segundos hasta que el coco se dore en forma pareja. El tiempo total dependerá del contenido de humedad del coco; observe con atención y controle a menudo, pues el coco puede quemarse al primer descuido.

moldeado
de albaricoque

■ □ □ | Tiempo de cocción: 2 minutos - Tiempo de preparación: 10 minutos

preparación

1. Licuar o procesar los albaricoques hasta obtener un puré liso.
2. En un bol refractario sobre baño de María disolver la gelatina en el néctar de albaricoque. Incorporarla, mientras se revuelve, al puré de albaricoques.
3. Batir la crema hasta que esté espesa y añadirla en forma envolvente a la mezcla anterior.
4. Verter en 4 moldes de ¹/₂ taza de capacidad, ligeramente aceitados, y refrigerar hasta que solidifique. Servir con rebanadas de albaricoques frescos, crema batida y pistachos.

....
4 porciones

ingredientes

> **8 albaricoques, sin hueso y picados**
> **3 cucharaditas de gelatina**
> **¹/₄ taza/60 ml/2 fl oz de néctar de albaricoque**
> **1 taza/240 ml/8 fl oz de crema**
> **2 albaricoques, extra, para decorar**
> **crema para servir**
> **¹/₄ taza de pistachos para servir**

nota del chef

Este postre resulta incluso más liviano si se reemplaza la crema por queso crema sin sal bajo en grasas.

corazones
de requesón

■■□ | Tiempo de cocción: 5 minutos - Tiempo de preparación: 20 minutos

ingredientes

> 1/3 **taza de queso crema**
> 1/2 **taza de yogur natural**
> 1 **taza de requesón**
> 2 **cucharadas de esencia de vainilla**
> 2 **claras**
> 1/4 **taza/40 g/1 1/4 oz de azúcar glass**
> 1 1/4 **taza de grosellas o frambuesas**
> 1/4 **taza de agua**
> 1/4 **taza/60 g/2 oz de azúcar**

preparación

1. Licuar o procesar el queso crema con el yogur, el requesón y la vainilla hasta homogeneizar.

2. Batir las claras hasta que estén espumosas. Agregar de a poco el azúcar glass con la batidora en marcha; batir hasta obtener un merengue espeso y brillante. Añadirlo en forma envolvente a la mezcla anterior.

3. Engrasar ligeramente 4 moldes con forma de corazón de 1/2 taza de capacidad. Forrarlos con muselina húmeda. Verter la preparación y controlar que llene todos los rincones. Acomodar en una bandeja y refrigerar 4 horas, hasta que tome cuerpo.

4. Colocar las grosellas o frambuesas, el agua y el azúcar en una ollita sobre fuego moderado, llevar a hervor, bajar la llama y cocinar lentamente 3 minutos. Pasar por un tamiz y refrigerar el coulis hasta el momento de servir.

5. Desmoldar, quitar la muselina y verter un poco de coulis sobre cada corazón.

4 porciones

nota del chef

Si lo desea, antes de tamizar el coulis reserve algunas grosellas enteras para adornar.

bavarois
de té con arándanos

■■□ | Tiempo de cocción: 15 minutos - Tiempo de preparación: 20 minutos

preparación

1. En una olla mediana a fuego moderado calentar el té y la leche casi a punto de hervor. Batir las yemas y el azúcar con batidora eléctrica hasta que estén espesas y cremosas.

2. Colar la infusión de té y verterla despacio sobre las yemas mientras se continúa batiendo. Poner de nuevo la mezcla en la olla y revolver constantemente sobre fuego lento hasta que la natilla espese.

3. Disolver la gelatina en el agua caliente e incorporarla a la natilla, batiendo; dejar enfriar a temperatura ambiente, revolviendo de vez en cuando. Batir la crema hasta que resulte aireada y añadirla en forma envolvente a la natilla.

4. Aceitar ligeramente 6 moldes de 1/2 taza de capacidad; llenar con la mezcla, tapar y refrigerar hasta el momento de servir. Desmoldar los bavarois sobre platos de postre. Acompañar con arándanos.

ingredientes

> **4 cucharadas de té para desayuno**
> **2 tazas/500 ml/16 fl oz de leche**
> **6 yemas**
> **100 g/3 1/2 oz de azúcar**
> **3 cucharadas de gelatina**
> **1/4 taza/60 ml/2 fl oz de agua muy caliente**
> **3/4 taza/185 ml/6 oz de crema liviana**
> **2 tazas de arándanos**

....
6 porciones

nota del chef

Decore con una lluvia de azúcar glass y un ramito de menta fresca.

soufflé helado de fruta de la pasión

■■□ | Tiempo de cocción: 10 minutos - Tiempo de preparación: 15 minutos

ingredientes

> **4 cucharadas de almidón de maíz**
> **3 tazas/750 ml/1¼ pt de leche**
> **¹/₂ taza/120 g/4 oz de azúcar**
> **2 cucharaditas de esencia de vainilla**
> **3 cucharaditas de gelatina**
> **5 cucharadas de agua fría**
> **¹/₂ taza/125 ml/4 fl oz de crema**
> **170 g/5¹/₂ oz de pulpa de fruta de la pasión en lata**
> **¹/₂ taza de coco tostado**

preparación

1. En un tazón disolver el almidón de maíz con 3 cucharadas de leche. En una olla mediana, a fuego moderado, llevar lentamente a hervor el resto de la leche, el azúcar, la esencia de vainilla y el almidón disuelto; revolver constantemente hasta que la mezcla espese. Retirar del fuego y enfriar a temperatura ambiente.

2. Disolver la gelatina en el agua fría a baño de María. Incorporar a la mezcla anterior, batiendo, la gelatina, la crema y la pulpa de fruta de la pasión. Refrigerar 10 minutos o hasta que empiece a tomar consistencia.

3. Engrasar 4 moldes para soufflé de 1 taza de capacidad y sujetar en el contorno una tira de papel de aluminio que sobrepase la altura en 3 cm/1¼ in. Verter la preparación en los moldes hasta que alcance 1 cm/¹/₂ in por encima del borde.

4. Refrigerar los soufflés 2-3 horas o hasta que estén firmes. Para servir, quitar el papel y adherir el coco en el borde expuesto.

....
4 porciones

nota del chef

La fruta de la pasión es originaria de la América tropical. Los europeos la conocieron en Brasil en el siglo XVI.

sorbete
de pomelo rosado

■□□ | Tiempo de cocción: 5 minutos - Tiempo de preparación: 10 minutos

preparación

1. En una olla no reactiva colocar el azúcar, la cáscara de pomelo rallada y 1 taza/ 250 ml/8 fl oz de jugo. Cocinar a fuego lento, mientras se revuelve, hasta que se disuelva el azúcar y se forme un almíbar.

2. Mezclar el almíbar con el champaña y el resto del jugo, verter en una máquina para helados y congelar siguiendo las instrucciones.

3. Como alternativa, verter la mezcla en un recipiente poco profundo apto para frigorífico y congelar hasta que empiecen a formarse cristales de hielo en los bordes. Revolver con un tenedor para romper los cristales. Repetir el procedimiento una vez más y después congelar hasta que esté firme.

ingredientes

- > **1 taza/250 g/8 oz de azúcar**
- > **1 cucharada de cáscara de pomelo rosado finamente rallada**
- > **4 tazas/1 litro/1 3/4 pt de jugo de pomelo rosado**
- > **1/2 taza/125 ml/4 fl oz de champaña u otro vino espumante**

....
8 porciones

nota del chef

Sirva el sorbete en bochas, con rebanadas de durazno o nectarina.

sorbete
de sandía

■□□ | Tiempo de cocción: 15 minutos - Tiempo de preparación: 10 minutos

ingredientes

> ^{2}/3 taza/170 g/5^1/2 oz
  de azúcar
> 1^1/4 taza/300 ml/10 fl oz
  de agua
> 2^1/2 tazas/625 ml/1^1/4 pt
  de puré de sandía
> 2 claras

preparación

1. Poner el azúcar y el agua en una olla
   y cocinar a fuego lento, revolviendo, hasta
   que se disuelva el azúcar y se forme un
   almíbar. Llevar a hervor, bajar la llama
   y cocinar lentamente 10 minutos. Retirar
   y dejar enfriar.
2. Mezclar el puré de sandía con el almíbar,
   verter en un recipiente apto para frigorífico
   y congelar hasta que esté casi sólido.
3. Pasar a un procesador o licuadora y
   procesar hasta lograr una textura lisa. Batir
   las claras a punto nieve y añadirlas en
   forma envolvente. Volver a colocar en el
   recipiente para frigorífico y congelar hasta
   que tome punto.

1,2 litro/2 pt

nota del chef

Pruebe estas tentadoras variaciones.
Sorbete de mango y fruta de la pasión:
reemplace el puré de sandía por 2 tazas/
500 ml/16 fl oz de puré de mango y la pulpa
de 4 frutas de la pasión.
Sorbete de kiwi: sustituya el puré de sandía
por 2 tazas/500 ml/16 fl oz de puré de kiwi,
^{1}/4 taza/60 ml/2 fl oz de jugo de pomelo
recién exprimido y 2 cucharadas de licor de
menta.

sorbete de
arándanos al champaña

■□□ | Tiempo de cocción: 15 minutos - Tiempo de preparación: 10 minutos

preparación

1. Combinar el azúcar, el champaña y el agua en una cacerola grande sobre fuego moderado. Llevar a hervor, bajar la llama y cocinar lentamente 10 minutos, para obtener un almíbar.
2. Licuar o procesar los arándanos con el jugo de limón hasta lograr una textura lisa. Agregar el almíbar (a) y mezclar bien; dejar enfriar a temperatura ambiente.
3. Verter en un molde poco profundo, tapar con papel de aluminio y congelar varias horas o hasta que esté parcialmente endurecido. Sacar del frigorífico y romper con un tenedor el hielo que se haya formado (b).
4. Batir las claras a punto nieve con batidora eléctrica; añadirlas en forma envolvente al helado de arándanos (c). Volver a colocar en el frigorífico y servir cuando esté congelado.

ingredientes

> 1½ taza/360 g/12 oz de azúcar
> 1 taza/250 ml/8 fl oz de champaña
> 2 tazas de agua
> 2 cajitas de arándanos
> ½ taza/120 ml/4 fl oz de jugo de limón recién exprimido
> 2 claras

8 porciones

nota del chef

Si usa una máquina para helados, procese según las instrucciones.

a

b

c

crema
helada de calabaza

■□□ | Tiempo de cocción: 0 minuto - Tiempo de preparación: 15 minutos

ingredientes

> **8 yemas**
> **3/4 taza/185 g/6 oz de azúcar**
> **1 1/2 taza de calabaza cocida y hecha puré**
> **1 1/2 taza de crema liviana, batida**
> **3 cucharaditas de esencia de vainilla**
> **1 cucharadita de canela molida**
> **1/2 cucharadita de nuez moscada molida**
> **1 taza de nueces pacanas picadas**

preparación

1. Batir las yemas con el azúcar hasta que estén espesas, pálidas y cremosas. Añadir en forma envolvente el puré de calabaza, la crema, la vainilla, la canela y la nuez moscada.
2. Verter la mezcla en un molde poco profundo, cubrir con papel de aluminio y congelar hasta que solidifique parcialmente.
3. Retirar del frigorífico, romper el hielo con un tenedor y luego batir con batidora eléctrica hasta que no queden cristales. Llevar otra vez al frigorífico hasta que esté parcialmente sólido y repetir el procedimiento.
4. Añadir en forma envolvente las nueces pacanas al helado; verter de nuevo en el molde, cubrir con papel de aluminio y congelar hasta que tome punto.

....

8 porciones

nota del chef

Para que las nueces pacanas resulten más crocantes, secarlas en el horno a temperatura baja durante 10 minutos.

pavlova
perfecta

■□□ | Tiempo de cocción: 2 horas - Tiempo de preparación: 15 minutos

preparación

1. En un bol batir las claras a punto nieve. Agregar el azúcar de a poco, batiendo bien después de cada adición (a), hasta obtener un merengue espeso y brillante. Añadir en forma envolvente el almidón y el vinagre (b).
2. Engrasar una bandeja para horno y forrarla con papel antiadherente. Engrasar y enharinar ligeramente el papel. Marcar un círculo de 23 cm/9 in de diámetro.
3. Poner un cuarto del merengue en el centro del círculo (c) y extenderlo hasta 3 cm/1¼ in del borde. Con el resto del merengue hacer una pared junto al borde del círculo; prolijar con una espátula de metal.
4. Hornear a 120°C/250°F/Gas ½ por 1½-2 horas o hasta que el merengue se note firme al tocarlo. Apagar el horno, entreabrir la puerta y dejar enfriar la pavlova adentro. Decorar la pavlova fría con la crema y las frutas.

....

8 porciones

ingredientes

> **6 claras**
> **1½ taza/315 g/10 oz de azúcar**
> **6 cucharaditas de almidón de maíz, tamizado**
> **1½ cucharadita de vinagre blanco**
> **300 ml/10 oz de crema liviana, batida**
> **selección de frutas frescas (gajos de naranja, bananas rebanadas, duraznos rebanados, pulpa de fruta de la pasión, frutas rojas, kiwis rebanados)**

nota del chef

Australia y Nueva Zelanda se disputan la creación de este postre maravilloso. Ambos países coinciden en que el nombre es un homenaje a la famosa bailarina rusa.

a

b

c

pavlova
apasionada

■□□ | Tiempo de cocción: 1¹/₂ hora - Tiempo de preparación: 15 minutos

ingredientes

> 6 claras, a temperatura ambiente
> 1 pizca de cremor tártaro
> 2 cucharaditas de almidón de maíz
> 1 taza/250 g/8 oz de azúcar
> 1¹/₂ taza de crema liviana, batida
> 4 frutas de la pasión
> 1 cucharada de menta fresca, cortada en tiras finas

preparación

1. Batir las claras con una batidora eléctrica hasta que estén brillantes. Mezclar el cremor tártaro, el almidón de maíz y el azúcar y añadirlos gradualmente a las claras, con la máquina en marcha. Seguir batiendo 5 minutos más.

2. Engrasar y forrar con papel antiadherente la base y los costados de un molde desmontable. Espolvorear ligeramente con almidón de maíz y sacudir el exceso. Disponer el merengue en el molde y alisar la superficie con una espátula.

3. Hornear a 130°C/260°F/Gas 1 por 1¹/₂ hora. Apagar el horno, entreabrir la puerta y dejar la pavlova adentro 30 minutos. Cuando esté fría, cubrir con la crema, la fruta de la pasión y la menta.

6-8 porciones

nota del chef

Otra opción para cubrir la pavlova es mezclar la crema con puré de frambuesas y decorar con frutas rojas.

cheesecake
de limón